女の子同士で付き合ってます。

みしぇ
mishe

はじめに

はじめまして！
このエッセイを描いている
みしぇです

こちらはまるです

恋愛対象は女性
中性的な顔立ちで、
普段メンズの服を着ています

私たちは女の子同士で
付き合っています

そして、一緒に暮らしています
ただいまー
おかえりー

実は、私はまると付き合うまでは
男性が恋愛対象でした

そんな私たち2人が
どうして付き合うことに
なったのか

2人のなれそめと、
女の子同士カップルの
日常を紹介していきます！

CONTENTS

002 はじめに
006 この本の主な登場人物

第1章 私たち、女の子同士で付き合ってます

008 私のセクシュアリティ
010 嫉妬の対象
012 まるの心の性別は？
013 まるとメイク
014 まるとヘアスタイル
015 呼び方は……？／カップル名
016 付き合って変わったこと
018 女の子同士で付き合ってよかったこと
020 女の子同士のデート
021 女の子同士のバレンタイン
022 友達への告白
024 【COLUMN】

089 メイクするとき
090 寝るとき
091 すっぴん
092 かっこかわいい
093 まるの特技
094 愛情表現
095 ケンカ
096 ファッションショー
097 まるのにおい
098 指で伝えたかったこと
099 タイホ……!?
100 手を繋ぎたいとき
101 おでかけ
102 おっちょこちょい
104 まるに助けられたこと
106 ロングヘアー
107 変顔
108 惚れた？
109 いつまでたっても……
110 【COLUMN】

みしぇ&まるが解説！LGBTQの基礎知識

第2章 女の子同士で付き合ったわけ

026 まるとの出会い
032 気持ちのめばえ
037 気持ちの変化
042 葛藤
057 告白
068 波乱
078 決断のとき
084 【COLUMN】まるが語る 2人のなれそめ裏話

第3章 女の子同士の同棲生活

086 家事分担
088 2人の朝

これってどうなの？女の子同士カップルのQ&A PART1

第4章 女の子同士の12ヶ月

112 桜の季節
113 雨の季節
114 プール
115 ラムネの思い出
116 ペアリング
118 ハロウィン
119 クリスマス
122 まるが見せてくれたもの
124 思い出の残し方
125 再び、桜の季節
126 【COLUMN】これってどうなの？女の子同士カップルのQ&A PART2
127 おわりに

この本の主な

登場人物

まる

みしぇの恋人で、中学校の頃のクラスメイト。ショートヘアにボーイッシュな服装という、中性的な見た目が特徴。恋愛対象は女性で、これまで数人の女性と付き合ってきた経験がある。

みしぇ

まると付き合う以前は、恋愛対象は男性だけだと思い、男性と付き合っていた。友達として一緒に過ごすうちにまるのことが気になるようになり、付き合うことに。現在はまると同棲している。

第1章

私たち、女の子同士で付き合ってます

ONNANOKO DOUSHIDE
TSUKIATTE MASU

私のセクシュアリティ

私は今までずっと
男の人と付き合ってきて
女の人と付き合うのは
まるが初めてです

レズビアンは女性同性愛者のこと
まるは当てはまるけど、
私は異性と付き合ったことが
あるから違うなぁ

今まで自分の恋愛対象は
男性だけだと思っていた
けれど、どうなんだろう？

バイセクシャルは
男性と女性どちらも愛せる人
近い気もするけど、
まる以外の女性を
好きになったことがないし

調べてみよう
知ってる用語だと
どれが当てはまるのかな？

パンセクシャルは
相手の性別関係なく
すべての人間が恋愛対象
男女の性分類に分けられない人も
含めて恋愛対象になるんだ

調べれば調べるほど
出てくる……！
逆にわからなくなって
きちゃった

結局自分が何に
当てはまるかはわかりませんでした
女性の中でもまるみたいに
中性的な人だけ恋愛対象なのかも
ほかに会ったことが
ないので断定できませんが

今は無理に何かに当てはめる
必要はないと思っています
恋愛対象なんて知らない自分を
発見したら変わるかもしれないし、
人生何が起こるかわかりませんよね

みしぇちゃんはもともと男の人と付き合
ってたから、告白は勇気がいったなぁ
Later talk
私は自分の気持ちに迷っていたから、
告白されたときすごく嬉しかった

嫉妬の対象

しかし、実際にまると
付き合っていると
相手の恋愛対象によって
違うことに気づきました

私は男の子の友達がもともと
少ないので特に問題ありませんが
まるは女の子なので
女の子の友達が多いです

高校の
同級生たちと
遊ぶんだけど
来る？

不安にならないように
気を使ってくれるので嫉妬心は
生まれません
ううん
楽しんで
きてね！

おかえりー
楽しかった？
うん！
お土産買って
きたよー！
仲良く過ごせているのは
まるのおかげです

NAKAYOSHI

まるの心の性別は?

まるの恋愛対象は
完全に女性です

女性が好きで、服もメンズだから
心は男の子かなと思っていたけど、
性自認は女の子みたいです
色々な形が
あるんだなぁ

メンズ服を着て、
顔立ちも中性的なので
よく男性に間違われます
お兄さん！
カラオケ
どうです？
カラオケ

素朴な疑問……。
まるはかわいいと
かっこいい
どちらが嬉しい？

間違えられたとき、
毎回こう言います
女の子
なのにー！

どっちも！
ちょっとだけ欲張りさんです

まるとメイク

まるはメイクを
まったくしません
もちろん、メイク道具も
1つも持っていません
スッピ〜ン

みしぇちゃん
くすぐったい
ガマン
してー!
その線引くやつ
目に入らない？
大丈夫!
任せて!

中性的でシュッとした顔立ち
なので、メイクをしなくても
かわいくてうらやましいです
キリッと
整った眉
長いまつげ
ニキビ0の
赤ちゃん
ほっぺ

ベタベタするから
とっていい？

出来心でまるに
メイクしてみることに
まるー
動かないでね

ほかの人に見せたくないくらい
かわいくなっちゃったので
はい、もっと
上目遣いで!
満足するまで写真に収めて
メイクは封印しました

まるとヘアスタイル

まるのヘアスタイルはパーマと
刈り上げで女の子にしては
とても短いです

ほ、本当に
刈り上げて
いいの？
お願い
します！

ちょっとでも伸びると気になる
みたいです
髪切りに
行こうかな

バッサリ
いっちゃって
ください
女性でこんなに
短く切るの
初めてだよ〜
美容師さんでも
珍しいみたいです
ドキドキ

レディースのヘアカタログには
まるほど短い髪型が少ないので
メンズを参考にしています
ん〜…

呼び方は……？

ハニー♥

まるの場合、ダーリン？ ハニー？ どっちもハニーだと変な感じだし……
ん〜…

ダニー♥
誰!?
口が滑ってダーリンとハニーが混ざりました

カップル名

私たちにカップル名をつけるならみしぇまるかな

まるみしぇカップル！
まるが先のほうがよかった？

まるまるみしぇカップル！
自分の主張が激しい

付き合って変わったこと

彼女はいるけど……
それを言って変に
気を使わせても嫌だしな

帰り道
私も前は
異性愛前提で
話していたけど、
今の私と同じ境遇で
悩んでいる人もいるかも

それからは彼氏彼女ではなく、
恋人という言葉を使うように
しています

Later talk
最近はパートナーという言い方も
増えてきているよね
同性だから、異性だからにこだわらず、
パートナーや恋人って呼び方が一般的に
なったらいいなぁ

女の子同士で付き合ってよかったこと

私、女の子の日なんだよね……来週行こうね
来週は私がかぶってる
ガーン…
海やプールの予定が立てにくい

女の子同士だとお互いのささいな変化にも気づけます
みしぇちゃん化粧変えた？
よく気づいたね！

かわいい…
ちょっと顔にお肉ついたね
むー…
気づかれすぎてショックなことも……

映画見たいなあ、今日レディースデーだよ！
ラッキー！見に行こう
どっちも女の子なのでレディースデーの割引が使えてお得です！

デメリットよりメリットのほうが多いかなとプラスに考えています！
何より好きな人の隣にいられる、これが幸せ！

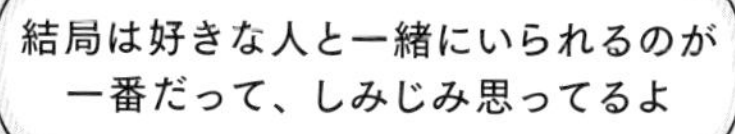
結局は好きな人と一緒にいられるのが
一番だって、しみじみ思ってるよ

Later talk
ふふふ。私も同じだよ。
みしぇちゃんといられて幸せ

女の子同士のデート

外でデートするときは基本的に
手を繋いで歩いています

みしぇちゃん
これ試着して
みて！
はいっ
まるは私以上に
私の服で悩んでくれます

街ゆく人もそこまで他人の
私たちを見ているわけでは
ないので女の子同士でもあまり
気にしていません

女の子同士でも
ほかのカップルと
特に大きな違いもなく
楽しくデート
しています！

また、女の子同士だと服を買うときに
意見交換がしやすいです
どっちが
いいと
思う？
んー
左かな

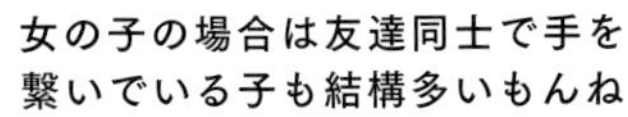
女の子の場合は友達同士で手を
繋いでいる子も結構多いもんね

Later talk
私たちはあまり気にしてないけど
人によるかもしれないよね

女の子同士のバレンタイン

友達への告白

まると付き合ってしばらくした頃
そろそろ友達にもまると付き合ってること言ったほうがいいよなぁ……

そして、仲のよかった3人グループの子たちに話すことにしました

でも、もしこんなことを言われたらどうしよう
えっ、女の子と付き合ってるの？私も恋愛対象に入るってこと？やだー！

今まで言えてなかったんだけどまるっていう女の子と付き合ってるんだ

でも、ずっと言わないのもモヤモヤするし本当に知っておいてほしい子たちには話しておこう

言っちゃった……引かれたかな

やっぱり～！

その子と最近よく遊んでるじゃん？話にも出てくるし気になってたんだ！
まるが女の子を好きって聞いてたし

先越されちゃったね！私たちも頑張らないと
あれ、もっと驚かれるかと思った
みしぇって本当にわかりやすいよねー！

変に気を使われたりせず普通のカップルのように接してくれたのが何より嬉しかったです

告白した後も今までと変わらず遊びに誘ってくれて理解のある友人に恵まれて本当によかったです

COLMUN

みしぇ&まるが解説!

LGBTQの基礎知識

さまざまな性のあり方を表す言葉として知られる「LGBT」。
最近使われる機会も増えた「Q」も含めて、簡単にご紹介。

L レズビアン

女性同性愛者。性自認(自分が思う自分の性別)が女性で、恋愛対象も女性である人のこと。

G ゲイ

男性同性愛者。性自認が男性で、恋愛対象も男性である人のことをさす。

B バイ

T トランスジェンダー

Q クエスチョニング

性自認にかかわらず、男性も、女性も恋愛対象になる人のことをさす。両性愛者ともいう。

生まれたときの自らの性別とは、異なる性別で生きようとする人のこと。性別越境者ともいう。

性自認や、恋愛対象となる性別が定まっていない人や、意図的に定めていない人のこと。

※必ずしも上記の区分けに当てはまらなかったり、変動したりと個人によってさまざまなケースがあります。

第2章

女の子同士で付き合ったわけ

ONNANOKO DOUSHIDE TSUKIATTE MASU

まるとの出会い

まると
出会ったのは
中学1年生の頃

あっ、あの子
一緒のクラスだ

髪短っ！
ボーイッシュ
な子だなぁ
しかも
男の子と
遊んでる

なんとなく
話しかけにくいし、
仲良くは
ならないかも？

たまに廊下で
すれ違う
独特な雰囲気の子
という印象でした
そして、特に関わりもなく
中学3年生のクラス替えへ

同じクラス
だね
びっくりした！
せらちゃんかぁ

2年連続同じだねー
中学最後も同じって最高!よろしくね

……!
あ、まるこっち来なよ
こっち来るの!? 仲良くなれそうにないし心の準備が……
てか、男の子だけじゃなくて女の子の友達もいるんだ

みしぇちゃんこの子、まる
あ、うん
せらちゃんじゃん
まるのこと知ってた?
見かけたことあるの
独特な雰囲気だから覚えてたとは言えない

悪いけど見覚えないかも
いやいや気にしないで
あれ、意外と話しやすい子かも
みしぇちゃんっていうんだ
よろしく

仲良くなるまでそう時間はかかりませんでした

落ち着くのでよくまるの膝に乗っていたことも
重いんだけど?
落ち着く!

まるー
サッカー
しようぜ!
行く!

恋バナも聞いた
ことないし
まるの恋愛事情って
完全に謎だなー

まると仲良く
なるにつれて
疑問が生じました
……。

髪の毛も
女の子にしては
短いし
言葉遣いや仕草も
ボーイッシュに
感じることが
多いし

まるって男の人を
好きになったり
するのかな?

まるが男の人と付き合うのって
想像がつかない……

りたちゃんって恋バナ好きだな
りたちゃんが言うようなことはないよ
せらちゃんこの前の人とはどう？
恋バナ興味ナシ
もしかして今、まるに聞けるチャンス？

……
むしろ女の子のほうがしっくりくるかも

ねぇ、まるは
好きな人いないの？
ドキドキ
んー？いないよ？

直接聞いてみようかな

そういやまるの恋バナ聞いたことないなーって
別に何もないよ
トイレ行ってくる

2組の○○ちゃん、彼氏できたって噂だよー！
そうなんだ
本当ー？

完全にかわされちゃった
まるってさ

恋愛事情謎よねー……

たしかにそうだね
やっぱりみんな気になってたんだ
噂だとまるって一部の後輩女子から人気らしいわよ!

女子校だと人気出そうだよね
へぇー!知らなかった
女の子が好きだったりして!?
えぇー!そうなのかな

私、まるのことクールだなって思うことあるよ
みしぇもしかしてそっち系!?
別に好きってわけじゃないってー
こらこら

恋バナ終わった?
まる
このときは考えもしませんでした

まるの話してたんだよ
んー何？
みしぇがまるに愛の告白してたー
りたちゃん！
みしぇちゃんもう一回言ってー
数年後この４人でトラブルが起こることを

卒業してもいっぱい会うじゃん寂しくないでしょ？
それで優しい一面もあって……

もう少しで卒業だね

他の子とは少し違っていて私が持っていないものを持っていて
流されやすい
人見知り
優柔不断
当時は友人として憧れの存在でした

そうだね
最初は勝手に苦手意識を持っていたけど
他人に左右されずグループに属さず、男女関係なく仲良がよくて
寂しいの？

勘違いしたままだったらこんな素敵な子だって気付けなかったな

気持ちのめばえ

突然だけど付き合って
高校生になったタイミングで中学の同級生の男子から告白されました
は、はい！

Kくん、優しいし今度は上手くいくといいな
しばらくして次の彼氏ができました

初めての彼氏で幸せでしたが数ヶ月付き合った頃に……

しかし2人きりになった途端
グッ

え？
実は罰ゲームで告白したんだ
ガーン
なんで今さらそんなことを……
まさかの事実のせいで上手くいかず別れることに

顔が迫ってきてるけど、キスしようとしてる!?

覚悟はしてたけど
心の準備がっ
キスって
こんなに強引に
するものなの!?
ちょ
まっ

彼氏はほしいけど
恋愛経験も
乏しかったので
大苦戦していました
高校生になったら
素敵な恋愛が
できると思ってたけど
難しいなぁ

逃げるように
帰り、そのまま
連絡もせず
フェードアウト
帰るね
……
ハー…
ハー…
ボロ…

まるとは中学卒業後
離れ離れになっても
月に1、2回は
遊ぶ仲でした

その後も彼氏は
できても、長くは
続きませんでした
ねぇ聞いてる?
本当に俺のこと
好きなの?
う、うん
ちょっと
しつこいなぁ

サ○ゼ
行こ
ガ○ト
は?
中学の頃よく
話していた4人
で遊んでいました

まる
最近彼女とは
どう?
この頃まるが
同性愛者だと
みんな知って
いました
面白く
ないなー
別に
普通だよ

突然カミングアウト
されたわけでもなく、
いつの間にかその事実を
受けて入れていました

やっぱりな
そのほうが
まるらしい
かも
まるが同性愛者だと
いうことには、
あまり驚きは
ありませんでした

女の子同士で
付き合うって
どんな感じかな
まるの事情を知り
同性同士の
恋愛に関心が
出てきました

帰りに
聞いて
みようかな

女の子同士で
付き合うって
どんな感じ?
帰り道、
2人になった
タイミングでまるに
聞いてみました
急に
どうしたの?

バイトで会った同い年の子なんだよね？
そだよー
その子の写真見てみたい！
この子だよ
えっ、めちゃくちゃかわいいじゃん！

まるにかかれば相手の恋愛対象なんて関係なしだね
こらこら、茶化すな

もともと女の子が恋愛対象の子だったの？
いや、私と付き合うまでは男と付き合ってたよ

気になってたんだけど、女の子同士だと嫉妬する相手も女の子なの？
話題そらしたな〜

相手の恋愛対象が男の子だったことには驚きましたが、少し気持ちがわかるなとも思いました

相手の恋愛対象による私は男の人に嫉妬するし、彼女の場合は女の子に嫉妬する

まると出会って
なかったら
関心すら持た
なかっただろうな
昔に比べて
まるは恋愛事情を
話してくれる
ようになりました

ズキッ…

それにしても
彼女本当に
かわいいね
びっくりしたよ～

まるって彼女
褒められたら
あんな嬉しそうな
顔するんだ

それは嬉しい
ありがと！

何この感情？
友達が遠くに行った
気がして寂しい
だけだよね？
このときはそう思うことにして
気持ちをおさめました

気持ちの変化

まるって今まで
何人の女の子と
付き合ってきたの？

実はねー
私は最近彼氏
できたの！
そうなんだ！
おめでとー

数えたこと
ないし
わかんない

彼ね、ギャンブル
依存症だから金欠で
デートも私にお金を
出させるし
何かうさばらし
しないとやって
らんない！

数え切れない
ほどってこと!?
さ、さすがまる
でも、最近は
しばらく彼女
いないよ

え、彼氏
ギャンブル
依存症なの？
大丈夫……？

デートはホテル
ばっかりで、パチンコで
倍にして返すって
お金も私持ちだし
でも、彼が私しか
いないって言うから、
支えなきゃって
思っちゃうの

うーん、なんだろ
すごいイヤな
予感がする

そんな男と
付き合っても、
りたちゃんのために
ならないよ
別れたほうがいい

まるまだ
戻ってこない
なぁ
帰り際、まると
公園で少しだけ
話すことに
わっ
コンポタ

……！
私も
そう思う
頭では
わかってるの
でも好きだから
別れられなくって

はい、みしぇ
ちゃんの分
びっくり
した！
ありがとー

この頃から

でも、大切な友達だし女の子
気持ちに気づかないふりを続けていました

まるに対して普段同性には感じない不思議な感情が芽生えていました

みしぇちゃん？

女の子なのにレディーファーストで優しいし
クールでボーイッシュだけどたまにかわいい一面もあったり

……
ついこんなことを言ってしまいました
まるって本当に完璧だよね。男の子なら付き合いたいくらい！

……

な、なんてね！
冗談だよ、まる

あー私……

みしぇちゃんって
本当おバカ！

私、何言ってるんだろう……

変に思われたかな
まるは普通に
見えたけど
「男の子」だったら
なんて傷つく
言葉だったかも

なぜか
まるの前だと自分の
コントロールが
上手くいかなくなる

きれい！
家の近くにこんな
夜景が見られる
ところあったんだ
いいでしょ
秘密の場所。
特別ね！

まる、どこ
行くのー？

なんか
悩んでる顔
してたし
うへへ
むに〜

ちょっと
お散歩ー
よい
しょっと

何年もずっと
友達だったけど、
まるは私のことどう
思ってるのかな

葛藤

まると2人で話した日からずっと心の中がモヤモヤしていました

相談したいけど気軽に相談できる話でもないし
でも、まるのこと知ってるいつものメンバーなら話せるかな？

まるに対して友達以上の気持ちを持ってるのかな
ボフッ

りたちゃんは彼氏のことで悩んでるし、恋愛相談は悪いな
せらちゃんはいつも話聞いてくれてるし相談してみよう

だからって何!?ずっと友達だったし今さら何も起きないでしょ
でも、今まで通り友達として接するのも辛いかも
そもそも相手は女の子だしどうしたんだろう私……
ガバッ

突然ごめん じ、実は
私、まるに友達以上の感情があるかもしれない

ふふっ、素直に好きって言えばいいのに
……!

少しだけ肩の力が抜けました
本当に？なんかホッとした！

相手がずっと友達だったまるだし
しかも女の子だから……

みしぇちゃんのことだし、まだ本人に伝えてないでしょ
グサッ
うっ
相手が女の子っていうのが大きくて
どうすればいいか分かんなくて

わかる気もするよ私もまるは魅力的な人だって私も思うから

まるは女の子だけど、恋愛対象は女性だし、ハードルは低いんじゃない？

まずはみしぇちゃんの心の準備が必要だね

もしかしたら否定されるかもって思ってたから
応援してくれるのはすっごく嬉しい！

好きだって自覚するまで時間がかかったし、好きになってもいいか葛藤してた
まだ、同性を好きになった自分を完全に受け入れられてないのかも

でも、まるは私のことどう思ってるのかな

今までと違う自分を受け入れるのは覚悟がいるよね
でも、ずっと見てきて2人は絶対お似合だと思う応援したい！

どうだろうねでも、もし両思いだとしても
まるからしたら恋愛対象が男性のみしぇちゃんの気持ちがわからないんじゃない？

思いを伝えるのは簡単じゃないと思うし、女の子同士っていうのもあるから
壁にぶつかることもあるかもしれないけど何かあったら私に相談してね！

せらちゃんに相談してよかったありがとう

私、まるのこと好きになってもいいんだちょっと勇気出たかも自分の心に向き合ってみよう

帰り道
1人で悩んでたけどやっぱり相談できてよかったな

おいおいあんまりくっつくなよー

まさかそっち系なんじゃねーの
気持ち悪いこと言うなよ、男好きなわけないだろ

ドキッ…

ワイワイ
ピロン♪

同性を好きになることって全員が理解してくれる話じゃないよね
…
今までも聞こえていたであろう会話が自分に重くのしかかりました

バッ
え、彼氏が地元の子と飲みに行くって
お金ないって私には会ってくれないのに

今日はとことん飲む!かんぱーい!
かんぱーい
りたちゃんの家で女子会をすることに

りたちゃん、最近ずっと彼氏のことばかり悩んでる

ちょっと依存しすぎてるんじゃ
飲み会って
女の子いるのかな

1人でいる時間が孤独で辛くなって、いつか昔の彼に戻るんじゃないかって離れられないの
絶対にもっといい人がいるよ

ねえ、大丈夫？りたちゃんその人と付き合ってから変わったよ

今の彼以外私を好きになってくれる人なんていないわよ
りたちゃんは恋人ができてから弱くなった

最初は幸せだったの でも時間が経つにつれて
悪い部分が見えてきて、彼が素っ気なくなってきて

たぶん頭では別れるべきってわかってる
でも、まだ好きだから別れられないんだろうな

もし、私もまるに突然恋人が
できたら簡単に諦められる？
好きって気持ちは簡単に
コントロールなんてできない

今は彼氏のことで頭がいっぱいで他人の意見を聞く余裕なさそうだし
私たちで彼氏のことなんて忘れちゃうくらい遊んで楽しくしようよ

今日はありがと！気をつけて！
ばいばーい

うん、それがいいね！
じゃあ、私こっちから帰るね！
バイバイ！

バタン
りたちゃん心配だなぁ

せらちゃん！

せらちゃん
私のために2人に
してくれたのかな
今度お礼しなきゃ

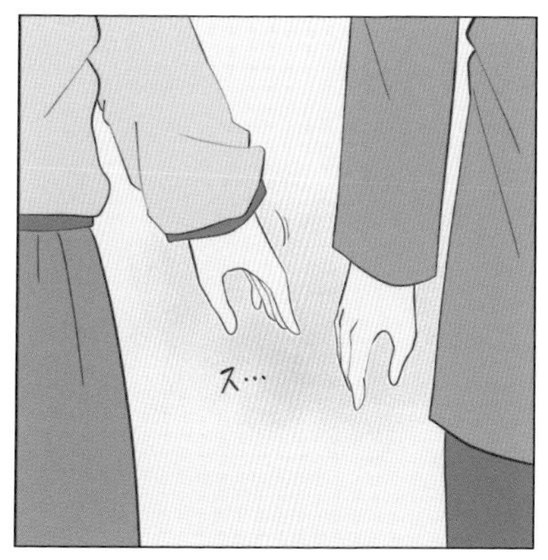
ス…

この前せらちゃんは
私からアピールしなきゃ
まるは気持ちに気づかないって
言ってたけど
アピールなんて
どうやってすれば
いいのかな

いやいや、急に
繋がれてもびっくり
するよね……
バッ

手を……繋いでみるとか？

じゃあ、私あっち
だから……

送っていくよ！
暗いし
危ないから
いいの？

送ってくれて
ありがと
……

まるも女の子なのに
私のこと女の子扱いしてくれるんだ
ありがとう

ソッ…

まるといると時間が
あっという間だなぁ

サラ…

じゃあ
また今度

あんなふうに
頭をなでられるなんて
軽くポンってされたり
ふざけてじゃれあったり
はあったけど

バタン

今までとは
違う感じだった

頭なでなで
されちゃったぁ

どんな意図で
あんなこと
したのかな
まだ
ドキドキしてる

なんだろうこの感じ
ずっとまるとは
友達だけどすごく
新鮮な感じ！

そして
数日後
まるだ！
遊ぼって
メッセージ
来てる！

みしぇ
ちゃん！

まる！

今まではなんともなかったのに
ちょっとしたことでもドキッと
するようになっていました

そして、この頃から
2人だけで遊ぶことも
自然と増えていきました

距離近くて
手当たっちゃ
いそう

そのうち週に2回まると
2人で会うのが当たり前に
なっていきました

みしぇちゃん
急なんだけど

会話は特に今までと変わりないけど

1人暮らしするから
引っ越すんだ
えっ⁉

へ、へぇ～
引っ越すんだ

でも1人暮らしって
憧れだよー
なんか大人って
感じじゃん

でも近場だから
そんなに
変わんないよ

引っ越し
終わったら
遊びに来なよ

なんだ
なかなか
会えなくなるかと
思ったじゃん！
落ち込んでる
みしぇちゃん
かわい～

ま、まるのお家！

みしぇちゃんが
一番目のお客さん
になってよ
いいのー!?

……
むに
た、楽しみに
してるね!
はっ…
じー…

何それ、
めちゃくちゃ嬉しいし
楽しみ……!

帰り道
あれ、
みしぇじゃん!
久しぶり
だねー!
ひーちゃん
久しぶり!
一緒に
帰ろー

まるとお家で
2人きりって
ことだよね
だらだら
テレビ見たり
ご飯作ったり?
そんな
幸せな空間で
心臓持つかなぁ

てかさ
高校にいた
ゆあちゃんって
同性が好き
って噂だよ

まるも理解してもらえなくて
悩んだりするのかな
強いから弱い部分が見えない
けど、今までずっと
どうしてたんだろう

みしぇちゃん、色々と
考えてくれていたんだね……

ずっとまると友達だったけど、
こんなこと考えたことなくて。
このとき初めて、まるの悩みについて
考えたかもしれない

告白

数ヶ月後
引っ越し完了した！
遊びに来なよ
ついにまるの家に遊びに行くことに

これがまるのお部屋シンプルで女の子っぽくないから余計緊張する
テキトーに座ってー

とうとう来ちゃった
いらっしゃーい
ガチャ

ちょこん…
距離感!?

お、お邪魔します
なんか、緊張する……！

ごめん、緊張しちゃって

そんなに緊張されたら
こっちも緊張するよ

意識しすぎたら
変だよね
ごめん
ごめん

卒業アルバム
持ってきたから
一緒に見よ
わー
懐かしー

修学旅行
のときのだ
まる絶対に
カメラ目線
しなかったよね

私写り
悪いから
見たくないな
みしぇちゃん
はねー
これ!
わ~なんで
私の場所すぐ
わかるの?

この前見返して
たから……
私の写真
見返したんだ
恥ずかしいな
そっか…

なんか昔のこと思い出すなぁ。まるはこの頃に戻りたいって思う?

あ、映画見る?この前見たいって言ってたのあるけど
見る!

戻りたいとも思うけど、今は今で昔になかったことがいっぱいあるし、十分楽しいよ

テレビまだ届いてなくってさタブレットでいい?

そうだよね!今も変わらず仲良しだしね
…まるらしいな

見える?
うん

なんだかお家デートみたい
同性同士って意識しすぎてたけど
異性とあんまり変わらないのかも

いっ
一緒に作りたいな
なんて。

面白かったねー!
うん!
ドキドキして内容入ってこなかった

何それかわい……

ご飯どうする?
ピザとか頼む?

……

……何か作ろっか
今、かわいいって言いかけた？

えーみしぇちゃん何それ？
似顔絵じゃん！難しいんだってー

卵と鶏肉があるから、オムライス作ろっか！

ずっとこうやっていられたら幸せなのにな……

もしまると一緒に住んだらこんな感じなのかなぁ

そろそろ帰らなきゃご飯食べたら眠くなってきちゃった

うとうと…

……

ん……？

まる……？

ドキドキ…
フー…

みしぇちゃん、
好き

まるから告白されるなんて……
嬉しくてドキドキしすぎて
めまいがしそうでした
でも、その感情と同時に

付き合って
ほしい

まるに告白されて、まるの唇が柔らかくて
改めてハッと気づかされました

……!

私たちが女の子同士であることを

私もまるのこと好きって
言葉にしたいのに……
両想いだって気づけたのに……

フッ…

こんなに好きなのに
言葉が出ないよ
苦しくて
胸がはりさけそう
~~…

そろそろ
帰る時間だよね

……

急に変なこと
言ってごめん
気を付けてね
違うの、まる……

私が同性と付き合うことに
踏み出す勇気が
足りなかっただけなのに

身近な人に理解されず
反対されるかもしれない
それに将来のことを考えると
想像つかなくて正直怖いよ

ズーン…
まる、まさか
私と同じ気持ち
だったなんて。
嬉しかった
なのに……

まるが大切だからこそ、中途半端な
気持ちじゃ付き合えないよ

私、最低だ。感情に身を任せて
同性との恋愛への不安に
気づかないふりしてた
きっとまるを傷つけちゃった

このままあやふやになるのは嫌だ
まるに
今の気持ちをちゃんと話そう

来てくれてありがとう

でも、私同性とは初めてでどうすればいいか正直戸惑ってて

この前は急にごめんね
そのことなんだけど

こんなこと言うの許してくれるかわからないけど
決心がつくまでもう少しだけ待ってほしい……です

あのとき何も言えなくてごめんね。実はすっごい嬉しかったんだ

そっか、ちゃんと考えてくれてありがとう

急で
びっくりした
と思うし
もうダメだと
思ったからさ

まる……顔引きつってる。
こんな顔初めて見た
相当勇気を出して告白してくれたんだ

おっちょこちょいで、
でも人を思いやれる
みしぇちゃんを
好きになってた

みしぇちゃんの
気持ちも大事にしたい
からゆっくり考えてよ
ありがとう
私も早くこの迷いにケリをつけなきゃ

Later talk
正直めちゃくちゃ緊張したんだ
友情が壊れたらどうしようって
ずっと迷ってたけど、まるが私の気持ち
を尊重してくれてほっとしたよ

波乱

まると話し合った日から、LGBTQや
同性愛について調べるようになりました

みんな悩みながらも
前向きに頑張ってるなぁ

ネットを見ていると
同じ悩みを持つ人が
たくさんいる

同じような人がたくさんいる
と思うと少し勇気が持てました

今まで出会ったことが
なかっただけで
思っているよりも同じ境遇
の人はいっぱいいたんだ……！

その頃
りたちゃん宅
ボー…
彼氏今何して
るんだろ
休みなのに
連絡がない
なんて
パッ

今何してる？
ゲームしてる
家にいるなら会えるじゃない！
会おうよ
忙しいから今度な
なっ……

どうして私のことを必要としてくれないの……？
寂しい、孤独で頭がどうにかなりそう

みしぇ、まる、せらちゃん
みんな……
みんな、遊ぼうよ
あそぼー！
おっけー
遊ぼ遊ぼ！
ホッ…

大丈夫、私にはまだ居場所がある……

ワイワイ
2人さ
何かあった？

距離が近いというか……
雰囲気いいよね～
ニヤニヤ

この前みしぇちゃんに告白したんだ
返事まだだけど
まる!?
2人にも伝えるべきことだしさ

ね、ねぇ今週末みんなで遊園地に行かない?

……
きゃー!おめでと〜!
まだオッケーもらってないってば〜

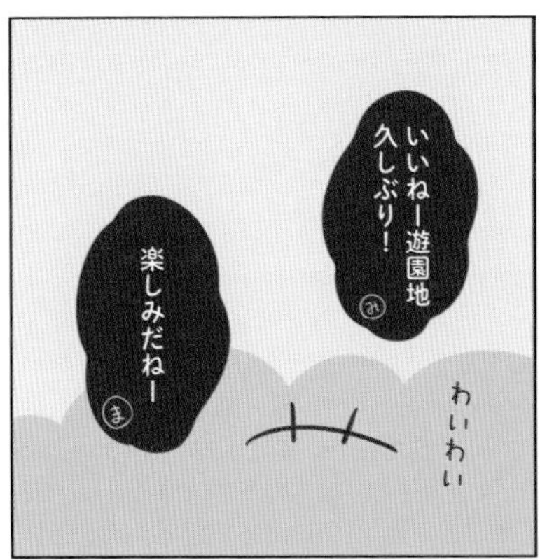
いいねー遊園地久しぶり!
楽しみだねー
わいわい

ドクン…

……?

じゃあ
また週末ねー!
ばいばーい
みしぇちゃん
よかったね!

あ、
ありがとう
応援してる
からね

遊園地
到着ー!

もうすぐ
ジェット
コースター
乗れるよ!
そわそわ
絶叫苦手

まるー
私と乗ろう
いいよ

みしぇちゃん
ドンマイ!
私でごめんね
いやいや
せらちゃんと
乗れるもん!

フォトコーナー
まる
下向いてる
じゃん!
絶叫苦手
だから〜

パーン
わ!
当たった!

射的
あるよー!

嬉しい、ありがと
大事にするわ!

ねえ、まる
あのぬいぐるみ
とって
わかった

あれ……?

どうしよ、楽しい遊園地のはずなのに
りたちゃんって今までまるにあんな感じだったっけ……

普通に振る舞えなくて空気壊しちゃったら嫌だし帰ろう……
私そろそろ帰るね！

どっちも大切な友達なのに嫉妬してる自分がすごく情けない

みしぇちゃん！
パッ

遊園地終わったしこの後どうする？

まる、明日相談があるんだけど

じゃあね……
……

電話!?

思わず抜けて来ちゃった
明日2人で会うのかな……
胸が苦しい
ずっとモヤモヤしてる

みしぇちゃん
大丈夫!?
せらちゃん!

どうしようすごく嫉妬してる
まるのこと、こんなに好きだったんだ
でも、2人とも大切だし、
付き合う勇気がない私に
こんなこと思う資格なんてないよ

今日のりたちゃん
まるに対して
なんか
変だったよね
うん……

みしぇちゃんとまる
のこと聞いてから
変だったと思う

2人のこと聞いてて、
自分に彼氏もいるのに
あの態度は何か
理由があるんじゃ
ないかな

事情があるかも
しれないから
私が話聞いてみるよ

大丈夫！
2人のペースで
頑張ってみなよ

でも私、まだ
まると付き合う
覚悟がなくて
待ってほしいって
答えたし、何か
言う資格ないよ

ありがとう……
言いたいことはいっぱいあったけど
お礼を言うので精一杯でした

また電話

りたちゃんの様子が変で
動揺しちゃって
みしぇちゃんに嫌な思い
させたんじゃないかって
まる…

もしもし
まる!

それで……
明日りたちゃんに
会おうって言われて
るんだけど
ドキッ

みしぇちゃん
今日ごめんね
あ、
謝らないで
いいよ……

みしぇちゃん
にも
来てほしい

私も⁉

これ以上
嫌な思い
させたく
ないから

答えるよ
会えないって
好きだから2人で
私はみしぇちゃんが

わかった……
ちゃんと返事できて
ないのに、ここまで
私のこと考えて
くれるんだ

今後も仲良くしたいから、
りたちゃんが傷つかない
ように伝えるよ。
みしぇちゃんに
見守っててほしい

やっと気持ちの整理がついたよ
今のこの気持ち、私もちゃんと伝えよう

決断のとき

えっと……

2人が
グループから離れる
かもって怖くなって
それで2人を
遠ざけようと
しちゃったの

2人とも
本当に
ごめんなさい！

帰り際、
とっさにまるのこと
引き止めちゃって……
そういうこと
だったんだ
ま
このときのりたちゃんはひどく
おびえて小さく見えました

上手くいってる
2人を見て
うらやましいとも
思ったわ……でも

でも、せらちゃんに
あんなことしたら2人は
余計離れていくよ
って叱られて
せらちゃん……
み

「彼氏に執着しすぎて、
本当に大切なものが
見えなくなってない？」って

だから、彼氏とは
別れることに
したの

本当にその通りだと思ったの
どれだけ自分がバカなことしてたか
やっと気づけた……
失いたくない大切な4人グループを
自ら壊すようなことしてたって
……！

そっか
決断できた
んだね

孤独感に囚われて
大切な友達が
見えなくなってた
1人が怖くて
彼氏に執着してた

許してもらえない
かもしれない
けど
また今まで
みたいに仲良く
してくれる……？

もちろんだよ！
心配しなくても今までと変わらないよ

みんなちゃんと向き合ってくれてたのに、なんで気づけなかったんだろ
私のために真剣に怒ってくれたせらちゃんには感謝してもしきれないよ

むしろ変わるきっかけになれたよ……
お互いね！

みんなと出会えてよかった
今は2人のこと心から応援してる……！

そう、私もまるへの気持ちに気づけたし、
まるの私への気持ちにも気づけた
おかげでまると向き合う準備ができた

それじゃあ私、行くね
もう行くの？
うん、今から彼氏とお別れしてくる

郵便はがき

お手数ですが
切手を
お貼りください

150-8482

東京都渋谷区恵比寿4-4-9
えびす大黒ビル
ワニブックス 書籍編集部

お買い求めいただいた本のタイトル

本書をお買い上げいただきまして、誠にありがとうございます。
本アンケートにお答えいただけたら幸いです。
ご返信いただいた方の中から、
抽選で毎月5名様に図書カード(500円分)をプレゼントします。

ご住所 〒

TEL(- -)

(ふりがな)
お名前

ご職業

年齢 歳

性別 男・女

いただいたご感想を、新聞広告などに匿名で
使用してもよろしいですか?(はい・いいえ)

※ご記入いただいた「個人情報」は、許可なく他の目的で使用することはありません。
※いただいたご感想は、一部内容を改変させていただく可能性があります。

●この本をどこでお知りになりましたか?(複数回答可)

1. 書店で実物を見て　　2. 知人にすすめられて
3. テレビで観た(番組名:　　)
4. ラジオで聴いた(番組名:　　)
5. 新聞・雑誌の書評や記事(紙・誌名:　　)
6. インターネットで(具体的に:　　)
7. 新聞広告(　　新聞)　　8. その他(　　)

●購入された動機は何ですか?(複数回答可)

1. タイトルにひかれた　　2. テーマに興味をもった
3. 装丁・デザインにひかれた　　4. 広告や書評にひかれた
5. その他(　　)

●この本で特に良かったページはありますか?

[　　]

●最近気になる人や話題はありますか?

[　　]

●この本についてのご意見・ご感想をお書きください。

[　　]

以上となります。ご協力ありがとうございました。

決断早いなぁ
前のりたちゃんに
戻ったみたい
頑張って！

実は
私もまるが
好きなの
友達だし、同性
だから悩んでた
告白してくれたとき
本当に嬉しかった

そろそろ
私たちも
出よっか
うん
今度こそ

ようやく
自分の気持ちに
確信が持てたの
まるが
真剣なことも
わかった

まる！
……告白の
返事していい？

その、だから
えっと……

ふふふっ

うん！
不安もあるけど、
まるると付き合いたい
一緒なら怖くないし
一緒に進んでいきたい

はっきり
言えないのが
みしぇちゃん
らしい

ギュッ…

付き合う……
でしょ？

遅いよっ！

不安が完全に
……
なくなったわけではありません
でも、それ以上にまるという人を好きになったんです

まるとなら性別なんて関係ない
だって手を繋いだらこんなにもドキドキするから

しっかり考えてくれて嬉しい心配なんて吹き飛ぶくらい幸せにするよ
まると付き合うんだもん、絶対に幸せになるに決まってるよ

そんなこんながあって……

みしぇちゃん今から初デート行くよ！
うん！
友達として遊んできたのに不思議な感じ

今の私たちがあるのです！

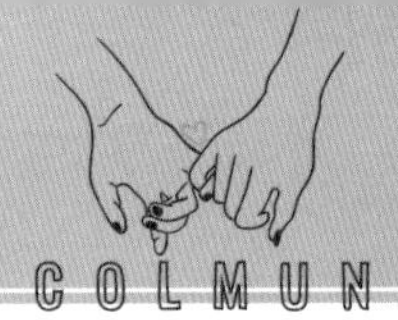

まるが語る 2人のなれそめ裏話

本編では描かれなかった、まるサイドからの
2人のなれそめエピソードを公開！

Q まるはいつからみしぇのことが好きだった？

みしぇちゃんよりもずっと前から好きでした。正確な時期はわからないけど、中学を卒業して毎日顔を合わせなくなってからは、「何してるかな」と意識し始めるように。初めは少しドジなところがかわいくて友達として好きだったけど、だんだん放っておけなくなって、いつからか目で追っていましたね。

Q 男性と付き合っていたみしぇに告白することは怖くなかった？

正直すごく怖かったし、勇気がいりました。特別な関係になりたいけど、もし告白して今の関係が壊れてしまったらと思うと、言葉にできなくて。みしぇちゃんを困らせたくなくて、気持ちを悟られないようにしたことも。でも、いつからか「みしぇちゃんも同じ気持ちかも？」と思い始めて告白に踏み出せました。

Q 友達にみしぇとのことを相談したことはある？

実は、せらちゃんに相談していました。 みしぇちゃんもせらちゃんに相談していたみたいなので、せらちゃんからすれば「早く付き合えばいいのに」と思ってたと後から言われました（笑）。みしぇちゃんと今こうして付き合えているのはせらちゃんの助けがあってこそだと思うので、本当に感謝しています。

第3章／女の子同士の同棲生活

ONNANOKO DOUSHIDE
TSUKIATTE MASU

家事分担

おかえり！
ただいまー
私たちは同棲しています

私は洗濯があんまり好きじゃないかも
めんどくさがり
洗濯物を入れて洗い終わるのを待って干して畳んでって工程が多くて

同棲を始める前家事分担について話し合いました
ん〜…

家事分担はお互いの得意不得意で決めました
わかった！じゃあ私が洗濯するね
私は水回りを担当するね！
苦手だから助かる！

みしぇちゃんは苦手な家事とかある？

いざ同棲してみると、分担に関係なく一緒にいるときは一緒にやるように

ONNANOKO DOUSHIDE
KURASHITE MASU

2人の朝

Later talk

まるって平気でドキッとすることして
くるから、一緒にいて心臓がもたないよ

うとうとしてるみしぇちゃんを見ると、
ついちょっかいかけたくなっちゃう

メイクするとき

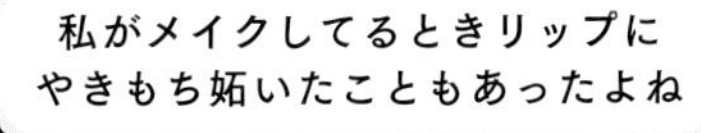

だって、みしぇちゃんにチューできていいなぁって思ったんだもん

寝るとき

Later talk

まるって結構寝るときのクセが強いよね。
両腕上げながら寝てたりさ（笑）

そういうとき、みしぇちゃんが
くっついて寝てるの知ってるよ～

すっぴん

よしよし
みしぇちゃんかわいいねー

私だけしか見られないみしぇちゃんのお顔だもん
特別に決まってるでしょ？

えー、今ドすっぴんだよー？

そんなにいいものじゃないよ〜……でもありがとう
自信がないすっぴんを特別だと言ってくれるまる。コンプレックスをプラスに捉えてくれるから素の自分でいられます

だから特別なんじゃん！
どういうこと？

かっこかわいい

まるはレディーファーストができるかっこいい女の子です
重いでしょ？持つよ

さむ〜
パッ

デートではいまだにドキドキすることをしてくれます
あったかいでしょ？

そしてお家では……
みしぇちゃんぎゅーして！
疲れたぁ

2人のときはたくさん甘えてきます

かっこいいとかわいいいいとこどりのまるです！

まるの特技

実はまるは昔、
魚をさばく仕事をしていたので
だいたいの魚をさばけます

たまに嬉しそうに方角を教えてくれます
今、北こっちだよ！

夜ご飯が魚のときは美味しいものを選んでくれて大助かりです
これは血が回ってるなぁ
脂ものってるしこれにしよ！

最後に本人に聞いてみると
まるの特技って何ー？

あと、不思議な力を持っていて、どこにいても目をつぶった状態で方角がわかります
北はこっち！
当たってる！

……だそうです
ウィンク★

愛情表現

Later talk

いや、でも本当に
なんでこんなに好きなんだろう？

って、まだ悩んでるの!?
まあ私は嬉しいんだけど……

ケンカ

同棲したての頃は
よくケンカをしていました
内容はしょうもない

お互い思いを上手く伝えられず
数時間口をきかなかったことも
…。
…。
プイッ

でも、それは長く一緒に
いるにつれて変わりました

黙っていても解決しないことに気づき、
ケンカになる前に
話し合うようになりました

仲直りしよっか!
お互いごめんねしないと……
ケンカの後は仲直りです

最近仲直り方法が
独特になってきました……
いっせーのーで
ごめんね!

ファッションショー

ただいまー
おかえり！服買ってきたの？

この前買ってきたこのスカートと合うんじゃない？

ファッションショーしなきゃね！
服を買って帰ると必ずファッションショーが開催されます

服を買うたびに褒めたり、アドバイスをくれたりするので大助かりです！

ど、どう？
かわいいねー！

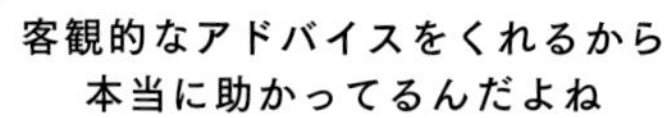
客観的なアドバイスをくれるから本当に助かってるんだよね

Later talk
ふふふっ、みしぇちゃんの専属スタイリストなんです！

まるのにおい

急にくっついてくるからびっくりしたよ
こんなこと考えてたんだ、かわいい～

自分が着ている服だと特にいいにおい
って感じないから不思議だったんだもん

指で伝えたかったこと

カフェでまったり中

き、急に指でハート?
!?
あ、ありがとう!?

みしぇちゃん

後でなんだったのか聞いてみたら
好きって伝えたかったけど聞かれたら恥ずかしいから指で表現したんだ

コソッ

タイホ……!?

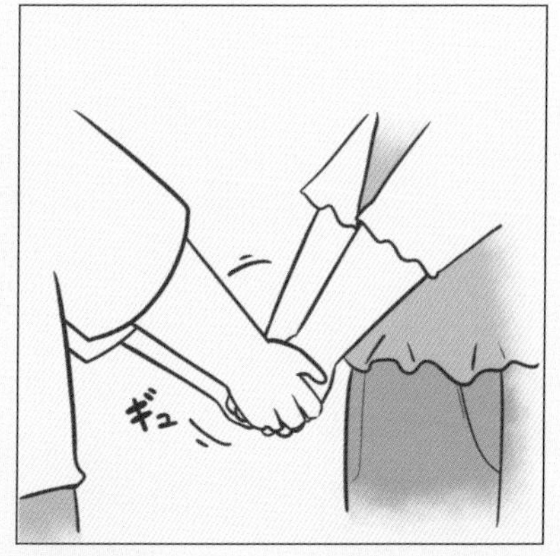

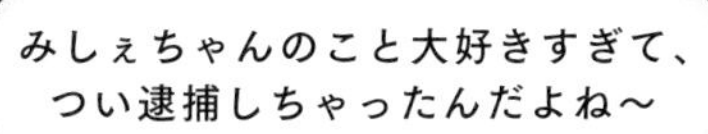

ふふふっ。逮捕されなくても
ずっと一緒にいるつもりだけどね!

手を繋ぎたいとき

Later talk

まるってときどきこういう不思議な行動をとるよね。私は見ていると楽しいからいいんだけど

え〜そうかなぁ。だって寂しかったからさぁ

おでかけ

まると2人でお出かけの日
まるー今日上着いるかな?
あったかいしいらないでしょー

うん、やっぱり着てきたけどどうかした?

んーまるはああ言ってたけど
寒かったら困るし一応上着も着て行こうかな

寒がったらかけてあげようと思って上着着てきたのに

あれ、みしぇちゃん上着着てきたの?

おちゃらけているけど優しいまるです
ふふ、ごめんね!
ちぇっ、いいところ見せようと思ったのに!!

おっちょこちょい

今回は私がみしぇちゃんの話をするね！
お〜〜
パチパチ

何味にする？
飲むの⁉
洗剤の香りのことを味って言い間違えるし

みしぇちゃんはねとにかくおっちょこちょい
う、自覚はあります

朝、アラームが鳴ったときも
ピピピピピピ…

この前ドラッグストアに行ったときもさ
洗剤買っておこうか〜

ケータイをタップしてアラームを止めるはずが
ピッ…
アラーム
ストップ

寝ぼけて私の背中を
タップしてきたり
!?
トス…
ピピピピ…
そ、そんなこと
あったの?

いやーいつも
おっちょこちょいで
迷惑かけてごめんね

何謝ってるの?
そんなところが
かわいくて
大好きなのに!
まると一緒だと短所も
前向きに考えられるようになります

まるに助けられたこと

私は自分に自信がありません
あ、このお店のパンケーキ美味しそう

やってみたいけど、子供っぽいって思われちゃうかな

友達を誘いたいけど行きたいと思ってもらえるかな
そのせいで自分から何かを人に提案するのが苦手です

餌やりだって！一緒にしよ！

まると付き合いだしてからも
うさぎ餌やり
体験200円

まるも同じ気持ちだったんだ……

WATASHI NI TSUITE KITE !

ロングヘアー

Later talk

ずっと気になってたんだけど、まるって今までに
ロングヘアーだったことってあるの？
少なくとも中学校からはショートだよね？

うーん、記憶にある限りずっとショートだなぁ。
やっぱりこれが落ち着くんだよね

変顔

惚れた？

いつまでたっても……

Later talk

まるってずっと付き合いだした頃みたいな
新鮮な気持ちでいてくれるから、
一緒にいてすごく幸せだなって感じる

それもこれも、全部一緒にいてくれる
みしぇちゃんのおかげだって思ってるよ

これってどうなの？

女の子同士カップルの

インスタに寄せられた
みしぇ＆まるへの疑問や、
お悩み相談に回答！

Q 男性が恋愛対象の人が、女性を好きになる可能性はある？

私はまると付き合うまでは、自分のことを異性愛者だと思っていたし、女性だから男性を好きになるんだという固定観念に縛られていました。でも、その固定観念を打ち破るほど好きになれたまるに出会えて、考えは変わりました。本当に好きになったら、性別は関係ないのだと思います。

Q 女友達のことが気になるけど、恋愛か友情かわからない。

私もまるのことが好きだと気づくまで、時間がかかりました。一緒にいるときにもっと近づきたいと思ったり、２人で遊んで別れた後にドキドキしていたり……。ほかの女友達には感じたことのない感情を感じたときに、恋愛対象として好きなんだと確信しました。悩んでいる方は、一度自分が恋愛対象の人にどういう反応をするか考えてみて、気になっている相手にそれが当てはまるか考えてみてもいいかもしれません。

Q まるの女の子っぽいところが好き？男の子っぽいところが好き？

まるはどちらの側面も持っているし、中性的なところもあります。女の子っぽい、男の子っぽいにこだわらず色々な素敵な部分を持っているから惹かれたのだと思います。

第4章
／
女の子同士の12ヶ月

ONNANOKO DOUSHIDE TSUKIATTE MASU

桜の季節

お花見日和だったので、
まるとお花見に来ました

いただきまーす！
ヒュン

ちょっと早起きして作ったんだ！
サンドイッチー！

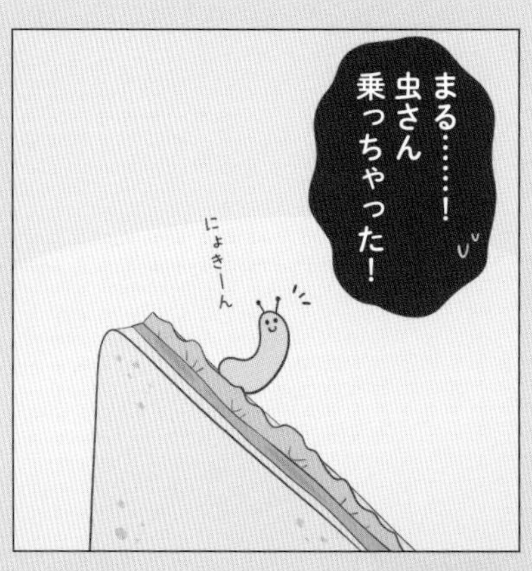

まる……！虫さん乗っちゃった！
にょきーん

桜を見ながらのランチなんて最高！

虫さんもみしぇちゃんが作ったサンドイッチ食べに来ちゃった！
なんてポジティブな考え！

雨の季節

サァァァ・・・・

はぁぁ、雨の中
スーパーに行くの
めんどくさいなぁ

相合傘
しながら
行こっか

ほら、
早く行くよ！
はーい！

一緒だと雨の日も
楽しく過ごせます

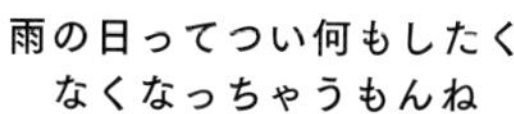
雨の日ってつい何もしたく
なくなっちゃうもんね

Later talk
でも、そんな日もちょっとした心がけ
次第で変えられるんだなって思ったよ

プール

海の日は
海に行くぞー！

そしてやっとのことで海へ！

私今
女の子の日
なんだ……

おねーさん
たち！

女の子同士なので海やプールの
予定が立てづらい
来週行こうね
来週はこっちが
女の子の日
被ってる
ありゃ……

一緒に
あっちで
遊ばない？
カップル
なんだけど
な~……
女の子同士なのでカップルだと
思ってもらえず、ナンパされることも

ラムネの思い出

まると夏祭りに来ました

スッ…

ラムネ
ねぇまる、ラムネあるよ！

この瞬間をビー玉に閉じ込めておきたいな

小さい頃はよくラムネのビー玉集めてたな～

その素敵な言葉は今でも鮮明に私の胸に刻まれています

ペアリング

みしぇちゃん
この指輪
かわいいよ！
ホントだ！

同性同士だから、
店員さんに変に気を
使わせちゃわない
かな……？
ドキドキ…

記念日も近いし
ペアリングに
しない？
いいね！

かわいいね〜！

サイズお試し
しますか？
スッ
あ、お願い
します！

お揃いにされる
んですか？

あ、はい
そうなんです！
ドキ…

素敵ですね！
お2人とも
とってもお似合い
ですよ！

詳しく事情を聞いたりせず、
ほかのカップルと同じように扱ってくれて、
とても嬉しい気持ちになりました
ありがとう
ございます！

MISHE & MARU

ハロウィン

まるがもう
ちょっとで
帰って来る
今日はハロウィンです

仮装して
驚かしちゃ
おっと
フフフ…

ただい……

まるー!
トリックオア
トリート!
バッ

……

お菓子あげるから
イタズラして
いい?
あれ?

クリスマス

このマフラー
まるに似合いそう

クリスマスの朝、プレゼントが枕元に置いてあるサプライズをしたら喜ぶかも。まだ数日あるけど、決まり！
!

同棲しているので当日までプレゼントをどこかに隠さなければいけません
部屋の中にいい隠し場所がなかったので押入れに隠すことに

まるー私のパスポート知らない？
えーどうせ押入れにあるんじゃないの？
ガラッ
しまった！

ダメーー！
えっ……どうしたの？

な、何か入ってるの……？
とにかくその日はダメの一点張りでやり過ごしました

あと1日で
クリスマス
今度はキッチンの
使っていない棚に入れることに

あたらしいお皿
まるぅ
うぅう!

ねぇ、何か
隠してるの?
もうダメだ……
完全に怪しまれてる
もう隠す場所
もない

マフラー
……?

本当はクリスマスに
サプライズで渡す
つもりだったの
そう
だったの⁉

ふふっ、みしぇちゃん
隠すの下手すぎ!
でも、みしぇちゃん
らしいね!
すっごく嬉しい!
ありがとう

予定より
早いけど
はい、クリスマス
プレゼント！

まるも用意して
くれて
たの……!?
どっちも
素敵だから交換
して使おうね！

必死で隠すから
エッチなものでも
隠してるのかと
思ったよ～
違うよ！
結果オーライでした

まるが見せてくれたもの

ちょっと
座ってみて
座るの？

ここなら空気が
澄んでるし、
街灯もないから
星が見えると思って

上見てみて
……！

もうしばらく
見ようよ～
冷えないように
すぐ戻ろうね

キレイ！

この日見た星空は
今もずっと頭に残っています

思い出の残し方

じゃーん!

その月からお出かけも増えて
写真を見返す楽しい時間もできました
わいわい
これいいね!

コルクボードと
カメラ……?

まるのおかげで思い出が
さらに特別になっています

カメラで写真撮って
毎月のお気に入りを
貼っていくの!
素敵でしょ?
いっぱい
お出かけしよう

お花見に、プールに、お祭りに。
色々なところに出かけたよね
Later talk
まると一緒だとなんてことない日も
特別に感じられるくらい楽しいよ

再び、桜の季節

Later talk

「おばあちゃん同士になっても」って言ってくれたこと、なんだかすごく嬉しくて、よく覚えているんだ

ふふふ。一緒に年を重ねて素敵なおばあちゃん同士になれたらいいね

これってどうなの？

女の子同士カップルのQ&A

女の子同士だからこその悩みや、素朴な疑問に回答！

Q 異性愛者に言われて傷つく言葉はある？

あくまで私自身の場合ですが、同性と付き合っていることについて興味を持ってくれたり、聞かれたりすることは認めてもらえていると感じて嬉しいです。親しみを持って聞いてくれる言葉で傷つくことはありません。むしろ、変に遠慮されるよりも、異性愛者の方と同じように普通のカップルとして接してもらえるといいなと思います。

Q 女の子同士で付き合っているけど、人目が気になって外で手を繋げない

女の子は友達同士でも手を繋いでいる人がいるので、私はそれほど気にせず手を繋いでいます。ジロジロ見られることもないので、意外とみんな他人のことなんて気にしていないんだなと。ただ、やはり人前で手を繋ぐことを恥ずかしいと思う人もいるでしょうし、2人次第かなと思います。

Q 同性と付き合っていることをカミングアウトするべき？

私は仲がいい友達には話していますが、会社の人には話していません。センシティブなことなので、本当に知ってほしい人だけに話せばいいと思います。同じ境遇になったことがない人からすれば、同性同士の恋愛は理解が難しいこともあると思います。でも、全員に理解してもらうことは難しくても、いつか認めてもらえる世の中になって、当たり前のように「女の子同士で付き合ってます！」と言えるようになったら嬉しいです。

おわりに

この度は本書を手に取っていただき、ありがとうございました。

この本の中では、女の子同士の恋愛ならではの内容も多く描きましたが、同性同士でも、異性でも根本的なところは変わらないのだと思います。まるとの何気ない日常をつづることによって、同性愛にかかわる経験がなかった方々にも、そのことが伝わると嬉しいと思っています。

実は私自身も、SNSでイラストエッセイを公開する以前は周りに同じ境遇の方がいなくて、心細く感じていました。でも、SNSを通して同性愛者の方々からあたたかいメッセージを数多くいただき、世間には自分が思っているよりも同じ境遇の方がたくさんいるのだと、自分に自信が持てました。

今は、私の作品を通して同性愛者の方にも共感してもらいたいという思いで、日々エッセイを描いています。この本が同性愛について理解、関心を深めていただくきっかけになれば幸いです。

みしぇ

デザイン　野中香織（株式会社アトムスタジオ）
校正　深澤晴彦
編集　長島恵理（ワニブックス）

女の子同士で付き合ってます。

著　者　みしぇ

2020年11月25日　初版発行

発行者　横内正昭

編集人　青柳有紀

発行所　株式会社ワニブックス
〒150-8482
東京都渋谷区恵比寿4-4-9　えびす大黑ビル
電話　03-5449-2711（代表）
03-5449-2716（編集部）
ワニブックスHP　http://www.wani.co.jp/
WANI BOOKOUT　http://www.wanibookout.com/

印刷所　株式会社光邦
ＤＴＰ　株式会社三協美術
製本所　ナショナル製本

定価はカバーに表示してあります。
落丁本・乱丁本は小社管理部宛にお送りください。送料は小社負担にてお取替えいたします。ただし、古書店等で購入したものに関してはお取替えできません。

ISBN 978-4-8470-9983-0